Quick Guide

WordPress – Homepageerstellung

Tobias Schindegger

WIDMUNG

Ich widme die 1. Ausgabe der Quick Guide –Reihe all' denjenigen, die sich entschieden haben, ihr Werk der Allgemeinheit zur Verfügung zu stellen. – Nur Mut, neue WebDesignerinnen und WebDesigner braucht das Land! ☺

Inhalt

DANKSAGUNG

Danke an meine Familie, meine Freunde, die mich bei diesem Projekt unterstützt haben. – Ich liebe euch ... ☺

Danke auch an die fleißigen Leserinnen und Leser meines gleichnamigen eBooks, die mich ermutigt haben, mich an das gedruckte Werk heranzuwagen.

1.0 Einleitung

"Auch Ratschläge können Schläge sein ..."
Sponti-Spruch

In diesem Ratgeber aus der **Quick Guide - Reihe** werden Sie erfahren, wie sie eine Homepage mit Wordpress erstellen können.

Die **Quick Guide - Reihe** richtet sich an diejenigen, die ohne viel Schnick-Schnack kurz und prägnant einen sofort in der Praxis einsetzbaren Leitfaden in die Hand bekommen wollen.

Selbstverständlich handelt es sich bei diesen Ratschlägen nicht um unumstößliche und für immer und ewig geltende Dogmen. Für Anmerkungen, konstruktive Kritik und /oder offen gebliebenen Fragen, würden wir uns sehr freuen.

Unter folgender eMail können Sie mit mir in Kontakt treten:
info@gugeli.de

2.0 Vorbereitung des Projektes

"Bedenke man, eh noch die Tat beginnt."
Johann Wolfgang von Goethe

Karl Hohmann (* *18. Juni 1908 in Düsseldorf; † 31. März 1974 in Düsseldorf-Benrath*) - ein deutscher Fußballspieler und Trainer - soll einmal zu dem Thema der Vorbereitung gesagt haben: *"Auf gut deutsch gesagt, wir hatten noch nicht einmal Zeit zum Kacken."*
Der wesentliche Faktor in dieser Aussage ist die Zeit - genauergesagt: Das Fehlen von Zeit. Was ich damit sagen möchte: Überstürzen Sie mit der Veröffentlichung Ihrer Homepage nichts. Nehmen Sie sich Zeit, die einzelnen Arbeitswege Schritt für Schritt durchzugehen. Nicht das Sie womöglich am Ende Ihrer Veröffentlichung unzufrieden sind.

3.0 Eigene Homepage mit Wordpress erstellen

3.1 Grundlagen

Sie haben noch keine eigene Homepage? Na dann aber los.
Sie benötigen Webspace.
Ich empfehle 1und1 (*das kostet*) und ein sogenanntes Content
Management System (*kurz: CMS*). Verwenden Sie Wordpress
(*das kostet nix*). Die bei der Fertigstellung dieses ebooks aktuelle
Version ist 4.0
Sie finden die zum Upload und zur Einrichtung notwendigen
Dateien unter:

- http://de.wordpress.org/

Laden Sie die ZIP-Datei herunter. Anschließend klicken Sie auf
die ZIP-Datei in Ihrem Ordner mit der rechten Maustaste an und
klicken auf "*Alle extrahieren*" und anschließend auf "*Weiter*".
Merken Sie sich den Speicherort.

Jetzt benötigen Sie noch sogenannten Webspace … also einen
Server im Netz, auf der Sie Ihre Homepage ablegen können.
Dieser muss php unterstützen und eine Datenbank zur Verfügung
stellen. Ich empfehle den weit verbreiteten und qualitativ guten
Webspace von 1&1. Im ersten Jahr kosten 12 Monate je 0,29 €
danach 0,49 €. Es wird das komplette Jahr im Voraus in
Rechnung gestellt.

Klicken Sie dazu auf folgenden Link:

- http://hosting.1und1.com/?kwk=2081987

Anschließend klicken Sie auf "*Domain Angebote*":
Prüfen Sie ob Ihre Wunsch-Domain - also die Internetadresse -
noch zur Verfügung steht, in dem Sie unter Wunsch-Domain den
gewünschten Namen eingeben. Der Haken auf eine .de - Adresse
reicht. Falls Die Adresse verfügbar ist, können Sie direkt auf
"Weiter" und anschließend auf "Domain jetzt registrieren" klicken.

Entfernen Sie die Haken bei den anderen vorgeschlagenen Domains mit .eu .com .net .org .info Das kostet nur zusätzliches unnötiges Geld. Mit einem Klick auf "Weiter" fahren sie fort. Nun füllen Sie alle Angaben aus. Merken Sie sich Ihren Nutzernamen und das Passwort.

Jetzt haben Sie alle Voraussetzungen geschaffen, um eine Homepage zu erstellen.

3.2 Wordpress auf Webspace (*am Beispiel von 1&1 Domain*) installieren

Besuchen Sie die Website:

- http://www.1und1.de/login

Melden Sie sich dort mit Kundennummer und Passwort, wahlweise auch Domainname (ohne **www.**) und Passwort an. Unter dem Reiter Homepage / Anwendungen legen Sie unter "MySQL Datenbank" eine "Neue Datenbank" an.

Schreiben sie sich folgende Informationen einschließlich des frei gewählten Kennworts auf:

- Hostname
- Datenbankname
- Datenbank
- Benutzer
- Passwort (*das bereits erwähnte frei gewählten Kennwort Ihrer MySQL-Datenbank*)

Als nächstes richten Sie sich einen FTP-Zugang ein. FTP steht für File Transfer Protocoll. Dies wird benötigt um Dateien zu übertragen.
Ihre FTP-Zugangsdaten finden Sie unter "*Zugänge*". Notieren Sie auch diese Daten und wählen ein Passwort aus.

Installieren Sie nun ein FTP-Programm auf Ihrem PC. Viele Websites und auch ich empfehlen das kostenlose und leistungsstarke FileZilla. Sie finden es für Windows-, MAC- und Linuxrechner unter:

- http://filezilla-project.org/download.php

Nach der Installation führen Sie es aus und klicken auf "*Datei | Servermanager*".

Unter dem Reiter "Allgemein" geben Sie nun folgende Daten an:

- **Server**:
  Hier kommt Ihr Domainname - ohne "*www.*"

z. B.: Wenn Ihre Domain unter *"www.meinname.de"* zu erreichen ist, geben Sie an dieser Stelle *"meinname.de"* an.

- **Port:**
  21
- **Servertyp:**
  FTP - File Transfer Protocol
- **Verbindungsart:**
  Normal
- **Benutzername** und **Passwort**:
  An dieser Stelle geben Sie bitte den Benutzernamen und das Passwort ein, welche Sie zuvor auf der Seite von 1&1 unter FTP-Zugänge angegeben haben.
  Tipp: Der klassische 1&1 Benutzername ist so etwas in der Art wie *"p12345"*

Unter dem Button um eine Verbindung herzustellen.

Sie sind mit dem FTP-Server verbunden.
Nun kopieren Sie den lokalen Inhalt Ihres Wordpress-Ordners (z. B. Speicherort:
`C:\Users\Schindegger\Downloads\wordpress-3.5.1-de_DE\wordpress`) auf den FTP-Server.

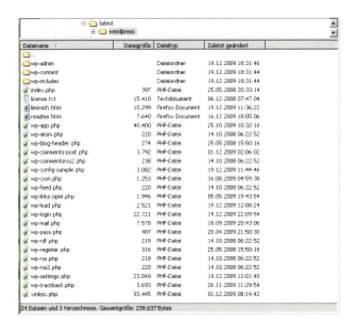

Jetzt haben Sie alle notwenigen Dateien hochgeladen. Nun muss Wordpress eingerichtet werden. Rufen Sie jetzt Ihre Domain in Ihrem Browser auf. Zum Beispiel: `www.meinedomain.de`

Wenn Sie alles korrekt gemacht haben, werden Sie mit folgendem Startbildschirm begrüßt:

Klicken Sie nun auf "*... starten der Installation*".
Jetzt benötigen Sie Ihre Notizen von der Einrichtung der Datenbank unter der Website von 1&1 :

- **Name der Datenbank** = Datenbankname (*Bsp: db12345*)
- **Name des Datenbankbenutzers** = Datenbankbenutzer (*Bsp: dbo12345*)
- **Passwort** = `Datenbankpasswort`
- **Datenbank-Hos**t = Hostname (*Bsp: db12345.1und1.de*)
- **Tabellen-Präfix** = wp_

Anschließend geben Sie Ihren Blogtitel und ihre eMail-Adresse an:

Anmeldename und Passwort für Ihren Wordpress-Blog wird Ihnen zugesandt. Bitte notieren sie auch diese, denn unter `www.ihrdomainname.de/wp-admin` können Sie sich damit einloggen. Somit gelangen wir auf das Dashboard.

3.3 Wordpress - Das Dashboard

Bevor wir fortfahren, sind noch einige Plugins sinnvoll zu installieren. Begeben Sie sich auf Ihrem Dashboard in das Menu "*Plugins*"

Wählen Sie nun den Bereich "Installieren". Geben Sie dabei im Suchfeld die Module an und installieren diese.

Notwendige / sinnvolle Plugins:
- **2 Click Social Media Buttons**
  Geben Sie dem Besucher Ihres Blogs die Möglichkeit, die Seite via Twitter, Facebook, google+ und Co zu teilen. Wenn die Installation abgeschlossen ist, können Sie unter

der Rubrik "*Einstellungen*" dieses Modul bequem einrichten.

- **All in one SEO Pack**
  Dieses Modul vereinfacht es Suchmaschinen, Ihren Blog zu entdecken.
- **Spam Free Wordpress**
  Dieses Modul schützt Sie vor unerwünschten Spam-Kommentaren
- **Limit Login Attempts**
  Dieses Modul erschwert es Hackern, Ihren Zugriff zu knacken, da die Anzahl der Anmeld-Versuche in den Administrationsbereich Ihres Blogs für einen Tag begrenzt wird.

Vergessen Sie nicht die Plugins zu aktivieren und etwaige Einstellungen vorzunehmen.

3.4 Impressum anlegen

Sie sind verpflichtet, sich ein Impressum anzulegen.
Nutzen Sie dazu den Impressumsgenerator:

- http://www.e-recht24.de/impressum-generator.html

Anschließend erhalten Sie (weiter unten) einen Quellcode für Ihr Impressum. Kopieren Sie den Inhalt des Textfensters in den Zwischenspeicher.

Klicken Sie dann in Ihrem Wordpress-Dashboard auf "*Neu*" und "*Seite*".
Im Titelfeld schreiben Sie "*Impressum*".
Im Textfeld darunter schalten Sie zunächst rechts oben von "*Visuell*" auf "*Text*" um und kopieren anschließend den Inhalt des Quellcodes über die rechte Maustaste und Einfügen aus der Zwischenablage hinein. Mit einem finalen "*Veröffentlichen*" geben Sie ihr Impressum frei.

Über "*Neu*" und "*Artikel*" können Sie auf der Seite Home beliebig viele Blogeinträge verfassen. Heißen Sie Ihre Leser willkommen und verweisen Sie auf Ihre eBooks hin.
Den Link zu Ihrem Impressum müssen Sie auch auf Ihrer Facebook-Seite zu Ihrem Buch unter "*Info*" angeben, denn auch bei eigenen Facebook-Seiten besteht eine Impressumspflicht.

3.5 YouTube-Video in meinen Blog einfügen

Falls Sie ein Youtube-Video haben, können Sie dies auch in Ihrem Blog einfügen.

Suchen sie dazu Ihr Video auf Youtube. Anschließend klicken Sie auf "*Teilen*" und danach auf "Einbetten". Kopieren Sie den Quellcode im Textfenster und fügen Sie diesen in Ihren Artikel ein. Beachten Sie dabei, dass rechts oben das Register auf "*Text*" und nicht auf "*Visuell*" steht, da er ansonsten nur den Quelltext anstatt das Video anzeigt.

3.6 Facebooks "*Gefällt mir*" in den Blog einfügen

Besuchen Sie über Ihr Facebookprofil Ihre angelegte Facebook-Seite.

Ihre Facebook-Seite finden Sie in der linken Navigationsspalte unter "Seiten". Klicken Sie Ihre Seite an und kopieren Sie den Link Ihrer URL. Der Link zu meiner Facebook-Seite lautet z. B. wie folgt:

- http://www.facebook.com/pages/Gnom-unser/174687449291554

Gehen Sie anschließend auf die Seite
http://developers.facebook.com/docs/reference/plugins/like-box/
Fügen Sie unter Facebook-URL Ihren Link ein. (*Rechte Maustaste - einfügen*)

Entfernen Sie den Haken von "*Show stream*" und "*Show header*" und klicken Sie anschließend auf "*Get Code*". Wählen Sie anschließend den Reiter "*IFRAME*". Kopieren Sie den Code in die Zwischenablage. Er müsste so ähnlich aussehen:

```
<iframe
src="//www.facebook.com/plugins/likebox.php
?href=http%3A%2F%2Fwww.facebook.com%2Fpages
%2FGnom-
unser%2F174687449291554&amp;width=292&amp;h
eight=258&amp;show_faces=true&amp;colorsche
me=light&amp;stream=false&amp;border_color&
amp;header=false&amp;appId=279080742115213"
scrolling="no" frameborder="0"
style="border:none; overflow:hidden;
width:292px; height:258px;"
allowTransparency="true"></iframe>
```

Wechseln Sie wieder auf das Dashboard Ihres Wordpress-Blogs. Klicken Sie auf "*Design*" und "*Widgets*".
Ziehen Sie mit links gedrückter Maustaste das Widget "*Text*" rechts in "*Primärer Widget Bereich*".

Klappen sie anschließend dieses Textfeld mit dem Pfeil nach unten auf der rechten Seite auf.

Den Titel lassen Sie frei. Im Textfeld darunter kopieren Sie den Quellcode hinein und betätigen anschließend die "*Speichern*" - Schaltfläche.

Wenn Sie nun Ihre Seite *www.meinedomain.de* betrachten, hat sich eine so ähnlich aussehende Facebook-Box integriert:

3.7 Twitter - Box in Wordpress einfügen

Natürlich können Sie dies auch mit Ihrem Twitter-Profil realisieren. Loggen Sie sich dazu auf folgender Seite mit Ihren Twitter-Daten ein

- http://twitter.com/about/resources/widgets

Klicken Sie dann unter **Widgets** auf "*Neu erstellen*".

Wählen Sie die Benutzer-Timeline, geben Sie unter Domains Ihre Domain an und anschließend auf "*Widget erstellen*". Kopieren Sie anschließend den Quellcode in die Zwischenablage.

Beispiel meines Quellcodes:

```
<a class="twitter-timeline"
href="https://twitter.com/Nasentroll"
data-widget-id="299816555234082816">Tweets
von @Nasentroll</a>
<script>!function(d,s,id){var
js,fjs=d.getElementsByTagName(s)[0];if(!d.g
etElementById(id)){js=d.createElement(s);js
.id=id;js.src="//platform.twitter.com/widge
ts.js";fjs.parentNode.insertBefore(js,fjs);
}}(document,"script","twitter-
wjs");</script>
```

Wechseln Sie wieder auf das Dashboard Ihres Wordpress-Blogs. Klicken Sie erneut auf "*Design*" und "*Widgets*".

Ziehen Sie mit links gedrückter Maustaste ein weiteres Widget "*Text*" rechts in "*Primärer Widget Bereich*".

Klappen sie anschließend dieses Textfeld mit dem Pfeil nach unten auf der rechten Seite auf.

Den Titel lassen Sie frei. Im Textfeld darunter kopieren Sie den Quellcode hinein und betätigen anschließend die "*Speichern*" - Schaltfläche.

Wenn Sie nun Ihre Seite *www.meinedomain.de* betrachten, hat sich eine so ähnlich aussehende Twitter-Box integriert:

Tweets

@Nasentroll folgen

Tobias Schindegger @Nasentroll   6m
Beyond – Two Souls: Release Termin soll in Kürze angekündigt werden: David Cage und sein Team bei Quantic Dream ... bit.ly/TSVSRu

Tobias Schindegger @Nasentroll   13m
Firefox-Add-On: NoScript: Die kostenlose Firefox-Extension NoScript sorgt für mehr Online-Sicherheit indem sie J... bit.ly/125Tw0T

Tobias Schindegger @Nasentroll   14m
Apple mit 25 Milliarden Musik-Downloads im iTunes-Store: Der Technologiekonzern Apple verzeichnete fer seinen iT... bit.ly/11T7ub1

Tobias Schindegger @Nasentroll   18m

Tweet an @Nasentroll

3.8 Automatisiertes Teilen neuer Artikel in Wordpress auf Twitter und Facebook

Damit Sie nicht jedes Mal selbst den in ihrem Blog verfassten Artikel auf Twitter und Facebook manuell teilen müssen, nutzen sie Twitterfeed. Dieser Dienst teilt automatisch Ihren neu publizierten Blog-Artikel auf Facebook und Twitter.

Zunächst benötigen Sie Ihren RSS-Feed Ihres Wordpress-Blogs. Diesen finden Sie auf Ihrer Wordpress-Homepage unter der Rubrik "*Meta*" unter "*Beitrags-Feed (RSS)*"

Sie können dieses aber auch manuell eingeben. Er lautet wie folgt:

- `http://www.meinedomain.de/?feed=rss2`

(*Wobei selbstverständlich "www.meinedomain.de" durch Ihre zu ersetzen ist*)

Diesen Link kopieren Sie in die Zwischenablage.
Besuchen Sie die Website http://twitterfeed.com/ und legen sich ein Profil an.
Loggen Sie sich ein und klicken Sie rechts oben auf "Create New Feed".
Den Feed-Namen können Sie frei wählen.
In die Zeile des RSS Feeds fügen Sie Ihre Feed-Adresse aus der Zwischenablage ein (*rechte Maustaste / Einfügen*)
Anschließend geht es weiter mit "*Continue Step 2*"
Unter Twitter geben Sie Ihren Twitter-Account an, in dem Sie auf "*Authenticate new Twitter Account*" klicken. Nun müsste unter "*Authenticated Twitter Account*" ihr Twittername stehen. Klicken Sie dann auf "*Create Service*"

Wiederholen Sie die Schritte mit Facebook. Klicken Sie auf "*Connect with Facebook*".
Wählen Sie unter "*Choose a Facebook Page to publish your feed to its wall, or leave blank to publish to your Facebook account wall.*" ihre Facebook-Seite aus und anschließend auf "*Create*

Service" und schließlich auf "*All Done!*" Mit "*Go to Dashboard*"
erhalten Sie eine Übersicht.

Jetzt können Sie diese Seite getrost schließen. Sobald Sie jetzt
einen Artikel in Ihrem Blog verfassen, wird dieser automatisch auf
Ihrer Facebook-Seite und auf Ihrem Twitter-Profil (*mit ein paar
Minuten Zeitverzögerung*) geteilt.

4. Schluss

Irgendwann ist auch der schönste Ratgeber zu Ende.
Ich hoffe Ihnen das Lesen des Ratgebers genauso viel Spaß gemacht, wie mir ihn zu schreiben.

Für Rückmeldungen und Kundenrezensionen auf Amazon.de würde ich mich freuen.

Liebe Grüße und viel Erfolg wünscht …

… Ihr Tobias Schindegger

eMail: info@gugeli.de

5. Bonus-Kapitel: QR-Code-Erstellung

Der QR - Code (*QR = Quick Response / schnelle Antwort*) ist dem Strich-Code sehr ähnlich. Man kann ein damit einen Code abdrucken, welche durch eine kostenlose Smartphone-App (*QR Droid für Android-Smartphones bzw. QR Reader für das iPhone*) mit Hilfe der integrierten Kamera gelesen werden kann. Hinter dem Code kann sich ein Link, ein Video, ein Bild ein Musikstück o. ä. verbergen.

Um einen QR-Code zum Beispiel für Ihre Titelseite oder das Titelbild zu verwenden, welcher auf Ihre Amazon Autorenseite oder Ihren Blog verweist, gehen Sie bitte wie folgt vor:

1. Geben Sie in Ihrem Browser folgende Adresse ein:
   http://qr-code-generator.de/
2. Wechseln Sie von dem Reiter **Text** auf **URL**.
3. Geben Sie ihre vollständige Adresse Ihrer Homepage bzw. Ihrer Autorenseite ein.
   Zum Beispiel: http://www.amazon.de/Tobias-Schindegger/e/B0099NFGLC
4. Anschließend wählen Sie eine beliebige Größe anhand des Schiebereglers.
5. Klicken Sie jetzt auf **Herunterladen**.
   Nun können Sie die Bilddatei *.png einen Namen geben, an einem beliebigen Speicherort speichern und in Ihr *.rtf Textdokument einfügen.
6. Ihr QR-Code muss nun so ähnlich aussehen:

7. Testen Sie Ihren QR-Code mit Ihrem Android-Smartphone bzw. Apples iphone mit der entsprechenden App. (***QR Droid*** *für* **Android**-*Smartphones bzw.* ***QR Reader*** *für das* ***iPhone***)

Falls Sie eine entsprechende App nicht haben sollten, laden Sie diese (*bei Android*) via den Playstore bzw. (*bei iPhone*) via iTunes herunter.

ÜBER DEN AUTOR

Tobias Schindegger wurde 1976 in Glashütten im Taunus (Hessen / Deutschland) geboren. Seine schulische Karriere meisterte er tief im Süden Deutschlands - genauer gesagt in Oberbayern im Berchtesgadener Land.

Zum Studium der Sozialpädagogik zog es ihn ins geographische Zentrum - nach Erfurt in Thüringen. Dort lernte er seine Ehefrau in einer studentischen Improvisationstheatergruppe kennen und lieben. Gemeinsam haben sie drei Söhne und sind Thüringen treu geblieben.

Seit 9 Jahren ist Tobias Schindegger im Bereich der Sozialpsychiatrie tätig. Er arbeitet mit Menschen, bei denen eine psychische Störung, Erkrankung oder seelische Behinderung diagnostiziert wurde. Seine Aufgabe ist es, diesen Menschen (wieder) einen lebenswerten Weg für einen selbstständig gestalteten Alltag, eine Beschäftigung oder eine Arbeit zu ebnen. Humor spielt dabei oft eine entscheidende Rolle.

Seit Mitte 2012 ist er als Fundraiser ausgebildet. Dieses Wissen nutzt er, um sozialpsychiatrische Projekte finanzieren zu können.

Weitere Informationen erhalten Sie auf der Website des Autors http://gnomunser.familygaming.de/

www.ingramcontent.com/pod-product-compliance
Lightning Source LLC
Chambersburg PA
CBHW041148050326
40689CB00001B/535